Les desserts incontournables de grand-mère

Recettes et photos de Sylvie Aït-Ali

EDITIONS ESI
60, rue Vitruve, 75 020 Paris
Imprimé en France par Pollina à Luçon – L 59679

N° ISBN : 978-2-35355-912-1/N° Sofédis : S484708

Sommaire

Amandine aux cerises

Préparation : 20 minutes ● Cuisson : 25 minutes ● Difficulté : ★ Budget : ★

Pour 4 personnes

- 6 palets bretons
- 1 œuf
- 40 g de sucre
- 1 sachet de sucre vanillé
- 50 g de poudre d'amandes
- 30 g de beurre (fondu)
- 2 cuil. à soupe de crème fraîche épaisse
- 250 g de cerises

Préchauffez le four à 180 °C (th. 6).

Réduisez les palets bretons en poudre et répartissez-les dans le fond des cocottes, tassez bien avec le fond d'un verre.

Fouettez l'œuf et les sucres, ajoutez la poudre d'amandes, le beurre fondu et la crème. Versez le mélange dans les cocottes puis placez les cerises de préférence non dénoyautées.

Placez les cocottes au four pendant 25 minutes. Laissez refroidir et placez au frais avant de servir.

Conseil : vous pouvez accompagner ces petites cocottes de glace vanille, chantilly ou sauce chocolat.

Baba au rhum

Préparation : 30 minutes ● Cuisson : 30 minutes ● Difficulté : ★ Budget : ★★

Pour 6 personnes

Pour la crème
- ❖ 20 cl de lait
- ❖ 2 jaunes d'œufs
- ❖ 100 g de sucre
- ❖ 30 g de Maïzena
- ❖ 100 g de beurre

Pour les savarins
- ❖ 2 œufs
- ❖ 60 g de sucre
- ❖ 2 cuil. à soupe de lait
- ❖ 20 g de beurre
- ❖ 120 g de farine
- ❖ 1 cuil. à café de levure chimique

Pour le sirop
- ❖ 6 cuil. à soupe de rhum
- ❖ 200 g de sucre

Préparez la crème : portez le lait à ébullition. Fouettez les jaunes d'œufs et le sucre, puis ajoutez la Maïzena. Versez le lait chaud sur les œufs puis remettez le tout à épaissir à feu doux. Ajoutez à la fin la moitié du beurre. Filmez au contact et laissez refroidir à température ambiante.

Préchauffez le four à 180 °C (th. 6).

Préparez les savarins : battez les œufs et le sucre jusqu'à ce que le mélange blanchisse. Ajoutez le lait, le beurre fondu puis la farine mélangée à la levure. Versez cette pâte dans 6 petits moules à savarin beurrés ou en silicone. Mettez à cuire pour 20 minutes. Laissez refroidir sur une grille.

Préparez le sirop en portant à ébullition 30 cl d'eau, le rhum et le sucre. Laissez-le tiédir et trempez-y les savarins afin qu'ils soient bien imbibés. Placez-les sur de petites assiettes un peu creuses.

Fouettez la crème avec le restant de beurre tempéré jusqu'à l'obtention d'une crème mousseuse. Déposez une rosace de crème au milieu des savarins et décorez de fruits frais, par exemple de groseilles et de tranches de kiwi.

Bavarois façon charlotte

Préparation : 2 heures ● Repos : 24 + 4 heures ● Cuisson : 1 h20 ● Difficulté : ★★ Budget : ★

Pour 8 personnes

- 5 œufs
- 1 jaune d'œuf
- 400 g de sucre
- 60 g de cacao en poudre
- 200 g de beurre
- 60 g de farine
- ½ sachet de levure chimique
- 30 g de noisettes
- 34 cl de lait
- 48 cl de crème liquide entière
- 250 g de chocolat
- 5 feuilles de gélatine
- 2 cuil. à soupe de sucre glace
- Sel

Préparez la meringue 24 heures à l'avance. Montez 3 blancs en neige avec une pincée de sel. Ajoutez 200 g de sucre petit à petit jusqu'à l'obtention d'un mélange compact. Ajoutez 20 g de cacao tamisé. Formez des meringues de 6 cm et de petites meringues rondes. Mettez au four 1 heure à 100 °C (th. 3 -4).

Préparez le biscuit. Travaillez 100 g de beurre avec 100 g de sucre et 2 œufs. Tamisez la farine, 20 g de cacao et la levure. Ajoutez-les au mélange. Mixez grossièrement les noisettes et incorporez-les. Versez dans un moule et mettez au four 20 minutes à 180 °C (th. 6). Démoulez et laissez refroidir.

Préparez le fondant. Portez à ébullition 4 cl de lait, 3 cl de crème et 100 g de chocolat râpé en mélangeant bien. Ajoutez 100 g de beurre puis versez le tout sur le biscuit. Réservez au frais.

Préparez le bavarois. Portez 30 cl de lait à ébullition, ajoutez 150 g de chocolat râpé et faites fondre à feu doux. Fouettez 4 jaunes d'œufs avec 100 g de sucre jusqu'à ce que le mélange blanchisse puis ajoutez le lait chaud. Ajoutez les feuilles de gélatine ramollies puis laissez refroidir. Montez 30 cl de crème en chantilly puis incorporez-la à la crème au chocolat. Versez le bavarois sur le fondant et laissez reposer 4 heures au frais.

Démoulez le gâteau et placez les grandes meringues tout autour. Mélangez 15 cl de crème liquide, 2 cuil. à soupe de cacao et le sucre glace, fouettez en chantilly et étalez-la sur la charlotte. Décorez de petites meringues et saupoudrez de cacao.

Beignets aux pommes

Préparation : 30 minutes ● Repos : 2 heures ● Cuisson : 2 minutes ● Difficulté : ★★ Budget : ★

Pour 6 personnes

- 5 œufs
- 25 cl de lait
- 15 cl de bière blonde
- 2 sachets de sucre vanillé
- 400 g de farine
- 1 cuil. à café de levure chimique
- 6 pommes
- Huile à frire
- Sucre glace
- Sel

Mélangez 1 œuf entier et 4 jaunes (en conservant les blancs), ajoutez le lait, la bière, une pincée de sel et le sucre vanillé. Ajoutez la farine mélangée à la levure, en pluie et en mélangeant constamment afin d'éviter les grumeaux. Laissez la pâte reposer minimum 2 heures à température ambiante ou une nuit au frais.

Épluchez les pommes, retirez le centre et coupez-les en rondelles.

Montez les blancs d'œufs en neige et ajoutez-les à la pâte.

Mettez à chauffer l'huile à frire.

Trempez les rondelles de pommes une à une dans la pâte, plongez-les dans le bain d'huile chaude et laissez cuire en les retournant à mi-cuisson.

Égouttez-les sur du papier absorbant.

Saupoudrez de sucre glace juste avant de servir.

Brioche au chocolat

Préparation : 15 minutes ● Repos : 3 h05 ● Cuisson : 40 minutes ● Levée 1 : 1 h20 ● Levée 2 : 2 heures ● Difficulté : ★★ Budget : ★

Pour une brioche de 500 g

❖ 5 cl de lait
❖ 3 œufs
❖ 1 cuil. à café de sel
❖ 100 g de beurre
❖ 70 g de sucre
❖ 350 g de farine
❖ 3 cuil. à café de cacao en poudre non sucré
❖ 1,5 cuil. à café de levure boulangère déshydratée
❖ 1 jaune d'œuf (pour la dorure)

Mettez tous les ingrédients, sauf le jaune d'œuf, dans la cuve de la machine à pain selon l'ordre indiqué.

Sélectionnez le programme « Pâte ». La pâte est collante au début, c'est normal, ne rajoutez pas de farine : au fur et à mesure du pétrissage, la pâte va devenir homogène. À l'aide d'une spatule, décollez la pâte des bords de la cuve.

À la fin du programme, versez la pâte sur un plan de travail fariné. Travaillez-la légèrement et formez une boule. Déposez celle-ci dans un moule beurré et fariné. Laissez reposer le tout, recouvert d'un torchon, dans un endroit tempéré et à l'abri des courants d'air. La pâte doit doubler de volume, ce qui prend 2 heures environ.

Préchauffez le four à 180 °C (th. 6). Badigeonnez la brioche du jaune d'œuf dilué avec 2 cuil. à café de lait. Mettez au four 40 minutes en surveillant bien la coloration.

Sortez la brioche du four et laissez-la refroidir sur une grille.

Brioche du mercredi

Préparation : 45 minutes ● Repos : 2 h45 ● Cuisson : 30 minutes ● Levée 1 : 1 h30 ● Levée 2 : 1 h30 ● Difficulté : ★ Budget : ★

Pour une grosse brioche de 500 g

- ❖ 12,5 cl de lait
- ❖ 2 jaunes d'œufs
- ❖ 45 g de beurre
- ❖ 30 g de sucre
- ❖ 1 cuil. à café de sel
- ❖ 300 g de farine type 55
- ❖ 1 cuil. à café de levure boulangère déshydratée
- ❖ 40 g de bonbons chocolatés type Smarties

Mettez tous les ingrédients dans la cuve de la machine à pain selon l'ordre indiqué, sauf 1 jaune d'œuf et les bonbons chocolatés. Sélectionnez le programme « Pâte ».

À la fin du programme, versez la pâte sur un plan de travail légèrement fariné, étalez-la en un long rectangle puis répartissez les bonbons. Roulez la pâte en un gros escargot puis déposez-la sur une plaque de cuisson légèrement farinée ou recouverte de papier de cuisson. Laissez cette préparation reposer, recouverte d'un torchon, dans un endroit tempéré et à l'abri des courants d'air. La pâte doit doubler de volume, ce qui prend environ 1 h30.

Préchauffez le four à 180 °C (th. 6). Avant d'enfourner, badigeonnez la brioche du jaune d'œuf dilué avec 1 cuil. à café d'eau et placez quelques bonbons dans les plis de l'escargot. Enfournez 30 minutes en surveillant bien la coloration de la croûte. Sortez la brioche du four et laissez-la refroidir sur une grille.

Conseil : pour une cuisson en machine à pain, introduisez tous les ingrédients dans la cuve selon l'ordre indiqué dans la liste. Au signal sonore, ajoutez les bonbons chocolatés. Sélectionnez le programme « Pain blanc » ou « Pain français », puis le poids et la couleur de la croûte.

Brownie marbré

Préparation : 30 minutes ● Repos : 1 heure ● Cuisson : 35 minutes ● Difficulté : ★ Budget : ★★

Pour 6 personnes

- ❖ 150 g de chocolat noir
- ❖ 150 g de beurre
- ❖ 100 g de sucre glace
- ❖ 4 œufs
- ❖ 70 g de farine
- ❖ 100 g de chocolat blanc
- ❖ 150 g de mascarpone

Préchauffez le four à 180 °C (th. 6).

Faites fondre le chocolat noir au bain-marie avec le beurre (ou 2 minutes au four à micro-ondes). Lorsque le mélange est homogène, ajoutez le sucre glace, 3 œufs battus en omelette puis la farine.

Versez la pâte dans un moule carré de 20 cm de côté chemisé de papier sulfurisé.

Faites fondre au bain-marie le chocolat blanc, ajoutez le mascarpone puis l'œuf restant. Déposez cette préparation sur la pâte à brownie par touches à l'aide d'une cuillère à soupe et mélangez légèrement avec la pointe d'un couteau.

Mettez au four 25 minutes. À la sortie du four, attendez 10 minutes puis démoulez et laissez refroidir.

Placez au frais 1 heure avant de déguster.

Cake marbré

Préparation : 30 minutes ● Repos : 30 minutes ● Cuisson : 40 minutes ● Difficulté : ★ Budget : ★

Pour 6 personnes

- 200 g de beurre
- 200 g de sucre
- 1 sachet de sucre vanillé
- 5 œufs
- 250 g de farine
- 1 sachet de levure chimique
- 2 cuil. à soupe de cacao en poudre
- Sel

Battez le beurre en pommade avec le sucre, le sucre vanillé et une pincée de sel. Ajoutez les œufs un à un en fouettant énergiquement entre deux. Tamisez la farine avec la levure et ajoutez-la au mélange.

Séparez la préparation dans deux saladiers. Ajoutez le cacao dans l'un des deux.

Préchauffez le four à 210 °C (th. 7).

Dans un moule à cake beurré et fariné, alternez les couches de pâte blanche et les couches de pâte au chocolat. Laissez reposer le cake au frais 30 minutes puis passez une lame de couteau tout le long du cake dans son milieu comme si vous vouliez le couper en deux.

Faites-le cuire 10 minutes, puis baissez la température du four à 180 °C (th. 6) et poursuivez la cuisson pendant 30 minutes.

Contrôlez la cuisson de votre cake en enfonçant un couteau dans son centre. Il doit ressortir sec sinon prolongez la cuisson de 10 minutes.

Cake moelleux chocolat banane

Préparation : 20 minutes ● Cuisson : 50 minutes ● Difficulté : ★ Budget : ★

Pour 6 personnes

- ❖ 130 g de chocolat
- ❖ 100 g de beurre
- ❖ 3 œufs
- ❖ 120 g de sucre
- ❖ 80 g de farine
- ❖ ½ sachet de levure chimique
- ❖ 1 banane

Préchauffez le four à 210 °C (th. 7).

Faites fondre le chocolat au bain-marie, puis ajoutez le beurre.

Fouettez les jaunes d'œufs et le sucre jusqu'à ce que le mélange blanchisse puis ajoutez le chocolat fondu, la farine et la levure.

Montez les blancs d'œufs en neige ferme avec une pincée de sucre puis incorporez-les au mélange précédent.

Versez les deux tiers de la pâte dans un moule à cake beurré ou en silicone, placez la banane entière au milieu puis couvrez avec le restant de pâte.

Mettez à cuire 10 minutes, puis 35 minutes à 160 °C (th. 5-6). Contrôlez la cuisson du cake en le piquant avec la pointe d'un couteau qui doit ressortir sèche. Laissez tiédir, démoulez et laissez refroidir sur une grille.

Cannelés

Préparation : 15 minutes ● Repos : 12 heures ● Cuisson : 1 h 10 ● Difficulté : ★ Budget : ★

Pour 30 petites pièces

- 100 g de beurre
- 1 l de lait
- 1 gousse de vanille
- 4 œufs
- 4 jaunes d'œufs
- 500 g de sucre
- 200 g de farine
- 2 cuil. à soupe de rhum

Faites fondre le beurre et réservez.

Faites bouillir le lait avec la gousse de vanille fendue en deux.

Fouettez les œufs, les jaunes d'œufs et le sucre jusqu'à ce que le mélange blanchisse. Ajoutez la farine, puis le lait (en ayant récupéré les graines de vanille et retiré la gousse), le rhum et enfin le beurre tiédi. Couvrez et laissez reposer une nuit au réfrigérateur.

Le lendemain, préchauffez le four à 270 °C (th. 9). Versez la pâte dans des moules à cannelé en les remplissant aux deux tiers et enfournez pour 10 minutes à 270 °C (th. 9) puis 50 minutes à 180 °C (th. 6). Démoulez rapidement.

Conseil : pour une cuisson traditionnelle, utilisez des moules en cuivre mais, à défaut, des moules en silicone seront parfaits et le démoulage très facile.

Charlotte aux fraises

Préparation : 2 heures ● Repos : 4 heures ● Cuisson : 5 minutes ● Difficulté : ★★ Budget : ★★

Pour 8 personnes

Pour la mousse aux fraises

- ❖ 300 g de fraises
- ❖ 4 feuilles de gélatine
- ❖ 30 cl de crème fleurette
- ❖ 120 g de sucre
- ❖ 10 cl de coulis de fraises
- ❖ 40 boudoirs
- ❖ 300 g de fraises
- ❖ 10 cl de crème liquide entière

Préparez la mousse : réduisez les fraises en purée. Portez cette purée à ébullition et ajoutez la gélatine ramollie dans l'eau froide. Montez la crème fleurette en chantilly, ajoutez le sucre et incorporez l'ensemble aux fraises.

Chemisez un moule à charlotte de papier sulfurisé. Diluez le coulis de fraises dans 20 cl d'eau. Imbibez-en les biscuits et placez-les sur le fond et le pourtour du moule, face plate vers l'extérieur.

Versez ensuite la moitié de la mousse aux fraises, déposez des fraises coupées en deux puis couvrez de boudoirs imbibés. Recommencez l'opération pour remplir la charlotte et placez-la au frais pendant 4 heures.

Démoulez la charlotte en retournant le moule sur le plat de service.

Placez la crème liquide montée en chantilly par-dessus et décorez de fraises entières.

Placez au frais jusqu'au moment de servir et finissez de décorer en entourant la charlotte d'un ruban.

Chaussons aux amandes

Préparation : 30 minutes ● Repos : 1 heure ● Cuisson : 20 minutes ● Difficulté : ★ Budget : ★★

Pour 20 chaussons

- 180 g de farine
- 70 g de poudre d'amandes
- 70 g de sucre
- 2 sachets de sucre vanillé
- 130 g de beurre
- 2 jaunes d'œufs
- 100 g de pâte d'amandes
- Sel

Pour la finition

- 1 jaune d'œuf

Mélangez la farine, la poudre d'amandes, le sucre, le sucre vanillé et ajoutez une pincée de sel. Ajoutez le beurre tempéré, commencez à mélanger avec une fourchette, puis ajoutez les 2 jaunes d'œufs et réunissez tous les ingrédients en boule.

Placez la pâte au frais 1 heure.

Préchauffez le four à 180 °C (th. 6).

Étalez la pâte, coupez à l'aide d'un emporte-pièce cannelé des disques de pâte. Placez au centre une petite boule de pâte d'amandes. Refermez les chaussons, pressez légèrement les bords, puis badigeonnez-les de jaune d'œuf dilué avec 1 cuil. à café d'eau.

Déposez-les sur une plaque recouverte de papier de cuisson. Mettez au four 20 minutes. A la sortie du four, laissez refroidir sur une grille.

Conseil : une variante à la recette : remplacer les amandes par des noisettes.

Clafoutis aux reines-claudes

Préparation : 30 minutes ● Cuisson : 45 minutes ● Difficulté : ★ Budget : ★

Pour 6 personnes

- ❖ 50 g de Maïzena
- ❖ 100 g de sucre
- ❖ 3 œufs
- ❖ 25 cl de lait
- ❖ 20 cl de crème liquide
- ❖ 400 g de reines-claudes
- ❖ Sel

Préchauffez le four à 180 °C (th. 6).

Mélangez la Maïzena et le sucre. Une fois que le mélange est bien homogène, ajoutez une pincée de sel et les œufs.

Versez progressivement le lait et la crème. Vous devez obtenir une pâte assez liquide et sans grumeaux.

Disposez les fruits au fond d'un plat largement beurré ou en silicone et versez la préparation dessus.

Faites cuire au four pendant 45 minutes. Surveillez la cuisson car le clafoutis ne doit pas être trop cuit. Laissez refroidir puis placez au frais.

Conseil : ce dessert peut être préparé avec toutes sortes de fruits : prunes, cerises, rhubarbe, pommes…

Couronne des rois

Préparation : 15 minutes ● Repos : 3 h 15 ● Cuisson : 25 minutes ● Levée 1 : 1 h 30 ● Levée 2 : 2 heures ● Difficulté : ★★ Budget : ★★

Pour une couronne de 500 g

- 5 cl de lait
- 2 œufs
- 1 cuil. à café de sel
- 30 g de sucre
- 300 g de farine blanche
- 2 cuil. à café de levure boulangère déshydratée
- 120 g de beurre
- 80 g de fruits confits en morceaux
- 1 jaune d'œuf (pour la dorure)

Mettez tous les ingrédients dans la cuve de la machine à pain selon l'ordre indiqué, sauf le beurre, les fruits confits et le jaune d'œuf. Sélectionnez le programme « Pâte ». Lorsque la pâte est homogène, ajoutez le beurre froid coupé en dés.

À la fin du programme, la pâte a légèrement gonflé. Déposez-la sur un plan de travail fariné. Étalez-la sommairement et ajoutez les fruits confits. Formez une boule puis déposez celle-ci dans un saladier couvert et laissez reposer 1 heure au réfrigérateur. Au bout de cet intervalle de temps, sortez la pâte et placez-la sur une plaque de cuisson légèrement farinée ou recouverte de papier de cuisson et formez une couronne. Laissez la couronne lever 1 heure, recouverte d'un film alimentaire, dans un endroit tempéré et à l'abri des courants d'air.

Préchauffez le four à 200 °C (th. 6-7). Badigeonnez la brioche du jaune d'œuf dilué avec 2 cuil. à café d'eau. Faites des incisions au couteau et enfournez pour 25 minutes. La brioche doit dorer uniformément.

Conseil : la pâte est assez lourde et un peu collante au début mais n'ajoutez pas de farine : le passage au froid va la rendre plus malléable.

Crème brûlée

Préparation : 25 minutes ● Repos : 2 h15 ● Cuisson : 1 heure ● Difficulté : ★ Budget : ★

Pour 6 personnes

- 1 gousse de vanille
- 60 cl de crème fleurette
- 5 jaunes d'œufs
- 120 g de sucre
- 6 cuil. à soupe de sucre roux

Préchauffez le four à 90 °C (th. 3).

Fendez la gousse de vanille en deux, grattez les graines avec un couteau, mettez le tout dans la crème et portez-la à ébullition. Fouettez les jaunes d'œufs et le sucre jusqu'à ce que le mélange blanchisse. Versez la crème chaude sur les jaunes sans fouetter pour ne pas faire mousser.

Versez le tout dans 6 ramequins à crème brûlée, laissez reposer 15 minutes puis faites-les cuire pendant 1 heure.

À la sortie du four, laissez refroidir puis placez au frais 2 heures au minimum.

Au moment de servir, saupoudrez les crèmes de sucre roux et caramélisez-les au chalumeau. Servez aussitôt.

Crème renversée

Préparation : 15 minutes ● Repos : 24 heures ● Cuisson : 55 minutes ● Difficulté : ★ Budget : ★

Pour 6 personnes

Pour le caramel
- ❖ 100 g de sucre

Pour la crème
- ❖ 60 cl de lait entier
- ❖ 4 œufs
- ❖ 80 g de sucre
- ❖ 2 sachets de sucre vanillé

Préchauffez le four à 150 °C (th. 5).

Préparez le caramel : dans une casserole, faites cuire le sucre avec 2 cuil. à soupe d'eau sans remuer jusqu'à l'obtention d'un caramel clair, arrêtez le feu et versez-le dans des ramequins.

Préparez la crème : portez le lait à ébullition et versez-le sur les œufs préalablement battus en omelette avec les sucres.

Transvasez ce mélange dans les ramequins et mettez-les à cuire au bain-marie pendant 45 minutes. Contrôlez la cuisson en tapotant le centre de la crème qui doit être ferme au doigt sinon prolongez la cuisson 10 minutes.

Sortez les crèmes du four, laissez-les refroidir puis placez-les au frais pendant 24 heures.

Au moment de servir, passez délicatement la pointe d'un couteau autour des crèmes et retournez-les sur des assiettes.

Crêpes

Préparation : 15 minutes ● Repos : 1 heure ● Cuisson : 20 minutes ● Difficulté : ★ Budget : ★

Pour 6 personnes

❖ 500 g de farine
❖ 5 œufs
❖ 3 cuil. à soupe de sucre
❖ 70 cl de lait
❖ 2 cuil. à soupe de rhum
❖ 80 g de beurre
❖ Sel

Dans un saladier, mélangez la farine, les œufs, le sucre et une pincée de sel. Ajoutez un peu de lait pour obtenir une pâte bien lisse, puis incorporez petit à petit le restant de lait et le rhum.

Faites fondre le beurre et ajoutez-le au mélange.

Couvrez et laissez reposer 1 heure.

Faites cuire les crêpes dans une poêle très chaude avec une noisette de beurre et servez-les accompagnées de vergeoise brune, de sucre, de chocolat ou de confiture.

Conseil : les crêpes peuvent se préparer à l'avance et se faire réchauffer au dernier moment.

Crumble poire et chocolat

Préparation : 30 minutes ● Repos : 30 minutes ● Cuisson : 20 minutes ● Difficulté : ★ Budget : ★

Pour 6 personnes

- ❖ 50 g de beurre
- ❖ 50 g de sucre
- ❖ 50 g de poudre d'amandes
- ❖ 40 g de farine
- ❖ 1 cuil. à soupe de cacao en poudre
- ❖ 8 cl de crème liquide entière
- ❖ 150 g de chocolat
- ❖ 4 poires

Préparez la pâte à crumble : travaillez le beurre tempéré à l'aide d'une fourchette. Ajoutez le sucre, la poudre d'amandes, la farine et le cacao. Mélangez jusqu'à l'obtention d'un gros sable. Placez 30 minutes au frais.

Pendant ce temps, portez la crème à ébullition et versez-la en trois fois sur le chocolat. Une fois la préparation homogène, versez-la dans 6 ramequins allant au four.

Épluchez les poires et coupez-les en morceaux. Placez-les sur le chocolat puis couvrez-les de pâte à crumble.

Mettez au four 20 minutes à 180 °C (th. 6).

Servez tiède accompagné de glace vanille ou de crème Chantilly.

Dacquoise

Préparation : 30 minutes • Repos : 15 minutes • Cuisson : 20 minutes • Difficulté : ★ Budget : ★

Pour 6 personnes

- 70 g de poudre d'amandes
- 75 g de sucre glace
- 3 blancs d'œufs
- 40 g de sucre
- 2 cuil. à soupe de noisettes grillées et concassées

Mélangez et tamisez la poudre d'amandes avec le sucre glace.

Dessinez sur une feuille de papier sulfurisé les formes que vous voulez obtenir (carré, cœur ou 2 lignes parallèles pour des boudoirs de même taille).

Montez les blancs d'œufs en neige en ajoutant peu à peu le sucre en poudre quand ils commencent à mousser. Incorporez le mélange tamisé aux blancs en neige, et soulevez bien la masse afin de ne pas casser les blancs.

Retournez la feuille de papier sulfurisé (pour ne pas placer la pâte du côté écrit) et, à l'aide d'une poche à douille ou d'une cuillère, déposez la pâte selon vos besoins. Parsemez de noisettes ou amandes grossièrement concassées et saupoudrez de sucre glace. Attendez 15 minutes puis mettez au four de 15 à 20 minutes à 180 °C (th. 6). Décollez une fois refroidi.

Conseil : la dacquoise est souvent utilisée comme base aux entremets ; préparez-la 24 heures à l'avance pour qu'elle soit bien sèche et éviter qu'elle ne se ramollisse trop. Vous pouvez remplacer les noisettes par des amandes concassées.

Éclairs au chocolat

Préparation : 45 minutes ● Repos : 30 minutes ● Cuisson : 50 minutes ● Difficulté : ★★ Budget : ★

Pour 6 personnes

Pour la crème
- ❖ 60 cl de lait
- ❖ 150 g de sucre
- ❖ 4 jaunes d'œufs
- ❖ 40 g de Maïzena
- ❖ 100 g de chocolat

Pour les choux
- ❖ 12,5 cl de lait
- ❖ 80 g de beurre
- ❖ 150 g de farine
- ❖ 4 œufs
- ❖ 1 jaune d'œuf
- ❖ ½ cuil. à café de sel

Pour le glaçage
- ❖ 10 cl de crème liquide entière
- ❖ 100 g de chocolat noir

Préparez la crème : chauffez le lait avec la moitié du sucre. Fouettez les jaunes et le reste de sucre, puis ajoutez la Maïzena. Versez le lait chaud sur les œufs et remettez le tout à épaissir à feu doux. Ajoutez le chocolat et mélangez jusqu'à ce qu'il soit totalement fondu. Filmez au contact et laissez refroidir.

Préchauffez le four à 210 °C (th. 7). Préparez les choux : faites bouillir le lait et 12,5 cl d'eau avec le beurre coupé en dés et le sel. Quand le beurre a fondu, ajoutez la farine, hors du feu. Mélangez bien, remettez sur feu doux et mélangez pendant 1 minute pour sécher la pâte. Versez-la dans le bol d'un robot et ajoutez les œufs un à un en mélangeant bien à chaque fois.

À l'aide d'une poche à douille, formez 12 éclairs sur une plaque de cuisson recouverte de papier sulfurisé. Badigeonnez-les de jaune d'œuf dilué dans 2 cuil. à café d'eau. Mettez-les à cuire 20 à 30 minutes, sans jamais ouvrir le four (surtout pendant les 15 premières minutes). Garnissez les éclairs en les perforant par le dessous en trois endroits (au milieu et sur les côtés). Placez-les au frais 30 minutes.

Préparez le glaçage : choisissez un saladier pour tremper les éclairs. Faites bouillir la crème et versez-la en trois fois sur le chocolat râpé en mélangeant bien. Sortez les éclairs du réfrigérateur, trempez-les dans le glaçage et laissez s'écouler l'excès en les maintenant à la verticale. Déposez-les sur un plat.

Financier

Préparation : 45 minutes ● Cuisson : 20 minutes ● Difficulté : ★ Budget : ★

Pour 6 personnes

- 160 g de poudre d'amandes
- 120 g de sucre glace
- 30 g de farine
- 20 g de cacao en poudre
- 5 blancs d'œufs
- 140 g de beurre
- 30 g de pistaches fraîches

Préchauffez le four à 180 °C (th. 6).

Tamisez la poudre d'amandes, le sucre glace, la farine et le cacao. Ajoutez les blancs d'œufs.

Faites fondre le beurre et ajoutez-le au mélange.

Remplissez les empreintes à mini cake beurrées ou en silicone à l'aide d'une cuillère à soupe et décorez de pistaches hachées.

Mettez au four 15 minutes. Attendez 10 minutes et démoulez.

Flan parisien

Préparation : 40 minutes ● Repos : 2 heures ● Cuisson : 40 minutes ● Difficulté : ★ Budget : ★

Pour 6 personnes

- ❖ 3 œufs
- ❖ 150 g de sucre
- ❖ 70 g de Maïzena
- ❖ 15 cl de crème liquide
- ❖ 60 cl de lait
- ❖ 1 gousse de vanille
- ❖ 1 pâte brisée

Fouettez les œufs et le sucre sans les blanchir. Ajoutez la Maïzena et la crème liquide.

Faites bouillir le lait avec la gousse de vanille fendue en deux et grattez les graines. Versez-le sur le mélange précédent hors du feu. Remettez sur feu moyen et mélangez en continu.

Dès que la crème épaissit, retirez-la du feu, versez-la dans un saladier, couvrez de film alimentaire au contact et laissez refroidir.

Pendant ce temps, chemisez un moule à tarte à bord haut de pâte brisée ou feuilletée (le flan doit avoir 3-4 cm d'épaisseur). Piquez le fond avec une fourchette et placez au frais.

Préchauffez le four à 210 °C (th. 7).

Versez la crème refroidie sur la pâte, lissez et placez au four 20 minutes puis augmentez la température du four à 240 °C (th. 8) et laissez cuire encore 10 minutes. Si la surface ne prend pas assez de couleur, passez le flan sous le gril quelques secondes.

Laissez refroidir puis placez au frais 2 heures avant de déguster.

Flan parisien chocolat coco

Préparation : 20 minutes ● Repos : 2 heures ● Cuisson : 50 minutes ● Difficulté : ★ Budget : ★

Pour 6 personnes

- 3 œufs
- 150 g de sucre
- 70 g de Maïzena
- 15 cl de crème liquide
- 60 cl de lait
- 100 g de chocolat noir
- 50 g de noix de coco râpée
- 1 pâte brisée

Fouettez les œufs et la moitié du sucre sans les blanchir, ajoutez la Maïzena et la crème.

Portez à ébullition le lait et le reste du sucre, puis versez-le sur le mélange précédent, hors du feu.

Remettez le tout sur feu moyen et mélangez en continu. Dès que la crème épaissit, retirez du feu, ajoutez le chocolat en morceaux et mélangez jusqu'à ce qu'il soit totalement fondu, puis incorporez la noix de coco.

Versez la crème dans un saladier, couvrez d'un film alimentaire au contact et laissez refroidir.

Préchauffez le four à 210 °C (th. 7).

Chemisez de pâte brisée un moule à tarte de 24 cm de diamètre et de 3-4 cm de haut. Piquez le fond avec une fourchette et versez la crème refroidie sur la pâte, lissez et enfournez 40 minutes à 210 °C (th. 7).

Laissez refroidir, puis placez au frais 2 heures avant de déguster.

Galette aux pommes et caramel au beurre salé

Préparation : 1 heure ● Repos : 30 minutes ● Cuisson : 30 minutes ● Difficulté : ★★ Budget : ★

Pour 6 personnes

Pour le caramel

- 50 g de sucre
- 20 g de beurre demi-sel
- 3 cl de crème liquide
- 4 pommes
- 10 g de beurre
- 2 pâtes feuilletées
- 1 jaune d'œuf

Préparez le caramel : versez une petite quantité de sucre dans la casserole. Quand il commence à suer, mélangez avec une cuillère en bois et ajoutez au fur et à mesure le reste de sucre. Lorsqu'il colore et devient translucide, arrêtez le feu. Ajoutez le beurre, puis la crème liquide tiède, mélangez bien jusqu'à l'obtention d'un caramel uniforme. Laissez refroidir. Épluchez les pommes et coupez-les en cubes. Faites fondre le beurre dans une poêle et faites-y dorer les morceaux de pomme. Laissez sur le feu jusqu'à ce que les pommes soient cuites, sans qu'elles ne se transforment en compote. Ajoutez le caramel puis laissez refroidir.

Étalez les pâtes et découpez 2 disques de 24 cm de diamètre. Badigeonnez le pourtour de jaune d'œuf. Répartissez les pommes sur l'un des disques en laissant une marge de 2 cm sur tout le tour. Placez la fève et déposez le second disque de pâte. Appuyez pour souder les 2 disques. Inutile de faire un ourlet, cela empêche d'obtenir un beau feuilleté. Diluez le restant de jaune d'œuf avec 1 cuil. à soupe d'eau. Badigeonnez une première fois toute la galette (attention, évitez la tranche pour ne pas gêner le feuilletage) et placez-la au réfrigérateur 30 minutes minimum.

Préchauffez le four à 180 °C (th. 6). Avant d'y mettre la galette, badigeonnez-la à nouveau de jaune d'œuf et effectuez le dessin avec le côté non coupant d'un couteau. Enfournez-la pour 25 à 30 minutes.

Galette des rois

Préparation : 30 minutes ● Repos : 1 heure ● Cuisson : 20 minutes ● Difficulté : ★ Budget : ★

Pour 6 personnes

- ❖ 50 g de beurre
- ❖ 80 g de sucre
- ❖ 2 œufs
- ❖ 150 g de poudre d'amandes
- ❖ 1,5 cuil. à soupe de crème fraîche épaisse allégée
- ❖ 2 pâtes feuilletées
- ❖ 1 jaune d'œuf

Battez le beurre en pommade avec le sucre, puis ajoutez un à un les œufs. Ajoutez ensuite la poudre d'amandes et la crème. Laissez reposer 30 minutes au frais.

Étalez un disque de pâte feuilletée sur le plan de travail (en laissant la feuille de papier de cuisson). Étalez l'appareil aux amandes en laissant 2 cm de bord libre, mettez en place la fève et recouvrez du second disque de pâte.

Pressez les bords (surtout sans faire d'ourlet) et coupez 1 cm de bordure à l'aide d'une roulette à pizza. Diluez le jaune d'œuf dans 1 cuil. à café d'eau et badigeonnez-en la galette. Placez au frais 30 minutes.

Préchauffez le four à 210 °C (th. 7). Badigeonnez à nouveau la galette de jaune d'œuf. Réalisez des dessins avec le côté non coupant du couteau et créez trois petites perforations pour éviter l'effet soufflé. Faites cuire pendant 20 minutes. Dégustez de préférence tiède.

Conseil : n'oubliez pas la fève ! Si vous avez préparé votre galette à l'avance, placez-la 10 minutes dans un four à 210 °C (th. 7) pour la réchauffer.

Galette des rois au chocolat

Préparation : 30 minutes ● Repos : 30 minutes ● Cuisson : 35 minutes ● Difficulté : ★★ Budget : ★★

Pour 6 personnes

- 10 cl de crème liquide entière
- 80 g de chocolat
- 60 g de beurre
- 100 g de poudre d'amandes
- 15 g de Maïzena
- 30 g de sucre
- 2 œufs
- 2 jaunes d'œufs
- 30 g de pistaches fraîches
- 2 pâtes feuilletées
- 1 fève

Préchauffez le four à 180 °C (th. 6).

Portez la crème à ébullition et versez-la sur le chocolat en morceaux. Lorsque le chocolat est totalement fondu, ajoutez le beurre coupé en dés et mélangez jusqu'à ce qu'il soit lui aussi fondu. Ajoutez la poudre d'amandes, la Maïzena, le sucre, puis les 2 œufs entiers battus en omelette et les pistaches.

Étalez les pâtes et découpez 2 disques de 24 cm de diamètre. Badigeonnez le pourtour de jaune d'œuf.

Répartissez la préparation au chocolat refroidie, en laissant un bord libre de 2 cm sur tout le tour. Placez la fève et déposez le second disque de pâte. Appuyez pour souder les 2 disques (inutile de faire un « ourlet », cela empêche d'obtenir un beau feuilleté). Diluez 1 jaune d'œuf avec 1 cuil. à soupe d'eau. Badigeonnez une première fois toute la galette. Attention, évitez la tranche pour ne pas gêner le feuilletage et placez-la au réfrigérateur 30 minutes au minimum.

Avant de placer la galette dans le four, badigeonnez-la à nouveau de jaune d'œuf et effectuez le dessin avec le côté non coupant d'un couteau, puis créez 4 petites perforations pour éviter que la galette ne soit trop gonflée.

Placez votre galette au four pour 25 à 30 minutes.

Gâteau de crêpes

Préparation : 30 minutes ● Repos : 4 heures ● Cuisson : 30 minutes ● Difficulté : ★ Budget : ★

Pour 6 personnes

Pour les 7 crêpes épaisses

- 200 g de farine
- 4 œufs
- 75 g de sucre
- 30 cl de lait
- 2 cuil. à soupe de rhum
- 30 g de beurre
- Sel

Pour la 1re mousse

- 200 g de chocolat
- 2 feuilles de gélatine
- 5 œufs
- Sel

Pour la 2e mousse

- 100 g de chocolat
- 30 g de beurre
- 2 œufs
- Sel

Dans un saladier, mettez la farine, les jaunes d'œufs, le sucre, une pincée de sel, ajoutez un peu de lait pour obtenir une pâte bien lisse, puis incorporez petit à petit le restant de lait et le rhum. Faites fondre le beurre et ajoutez-le au mélange. Montez les blancs d'œufs en neige avec une pincée de sel et incorporez-les délicatement à la pâte. Réalisez 7 crêpes épaisses de 20 cm de diamètre. Réservez-les.

Réalisez la première mousse : faites fondre le chocolat au bain-marie et ajoutez la gélatine préalablement ramollie dans l'eau froide. Mélangez jusqu'à ce que tout soit bien fondu. Ajoutez un à un les jaunes d'œufs au chocolat fondu en fouettant bien. Montez les blancs d'œufs en neige avec une pincée de sel. Incorporez-les délicatement au chocolat.

Placez un cercle à entremets de 20 cm de diamètre sur un plat de service, placez une crêpe et nappez-la de mousse. Continuez ainsi jusqu'à ce qu'il n'y ait plus de mousse et finissez par une crêpe. Laissez reposer 2 heures au frais.

Préparez la seconde mousse de la même façon que la première, en remplaçant la gélatine par le beurre. Vous obtiendrez une mousse plus compacte que la première. Retirez le cercle à entremets et nappez le gâteau de crêpes de cette mousse. Laissez reposer 2 heures au minimum au frais avant de servir.

Gâteau moelleux au chocolat

Préparation : 20 minutes ● Cuisson : 40 minutes ● Difficulté : ★ Budget : ★

Pour 8 personnes

- ❖ 150 g de chocolat noir
- ❖ 60 g de beurre
- ❖ 200 g de sucre
- ❖ 3 œufs
- ❖ 120 g de fromage blanc
- ❖ 250 g de farine
- ❖ 1 sachet de levure chimique

Préchauffez le four à 180 °C (th. 6).

Faites fondre le chocolat au bain-marie, ajoutez le beurre, le sucre et les œufs un à un. Mélangez énergiquement au fouet.

Ajoutez le fromage blanc puis la farine et la levure tamisées.

Versez la pâte dans un moule à manqué beurré ou en silicone et faites cuire le gâteau pendant 40 minutes. Contrôlez la cuisson en piquant le gâteau en son milieu : la lame doit ressortir sèche.

Laissez le gâteau refroidir sur une grille avant de déguster.

Gâteau roulé

Préparation : 20 minutes ● Cuisson : 15 minutes ● Difficulté : ★★ Budget : ★

Pour 8 personnes

- ❖ 4 œufs
- ❖ 120 g de sucre
- ❖ 120 g de farine
- ❖ Confiture de fraises

Préchauffez le four à 180 °C (th. 6).

Préparez la génoise : battez les œufs et le sucre au fouet électrique avec 3 cuil. à soupe d'eau chaude, jusqu'à ce que le mélange blanchisse et double de volume. Ajoutez la farine délicatement en soulevant la masse.

Versez la pâte sur une plaque de cuisson recouverte de papier sulfurisé ou en silicone. Faites cuire au four 12 à 15 minutes : la génoise doit rester très souple et surtout ne pas trop cuire.

Démoulez la génoise 5 minutes après l'avoir sortie du four sur une feuille de papier sulfurisé. Dès que le gâteau a refroidi, étalez la confiture puis roulez-le.

Maintenez le roulé bien serré avec du film alimentaire (puis du papier sulfurisé) et placez-le au réfrigérateur.

Au moment de servir, coupez le gâteau en tranches de 2 cm d'épaisseur.

Conseil : vous pouvez remplacer la confiture par de la pâte à tartiner, de la crème pâtissière ou au beurre.

Gâteaux de semoule

Préparation : 30 minutes ● Repos : 2 h 20 ● Cuisson : 30 minutes ● Difficulté : ★ Budget : ★

Pour 4 personnes

- ❖ 80 g de raisins secs
- ❖ 1 sachet de sucre vanillé
- ❖ 50 cl de lait entier
- ❖ 70 g de sucre
- ❖ 60 g de semoule de blé dur fine
- ❖ 2 œufs
- ❖ 8 cuil. à soupe de caramel liquide

Mettez les raisins avec le sucre vanillé dans de l'eau chaude 20 minutes pour qu'ils gonflent.

Préchauffez le four à 180 °C (th. 6).

Faites chauffer le lait et le sucre. Quand le mélange bout, ajoutez la semoule tout en mélangeant et continuez la cuisson 8 minutes en mélangeant sans arrêt jusqu'à ce que la semoule gonfle et que la préparation épaississe.

Retirez la casserole du feu et ajoutez les œufs battus en omelette, mélangez bien. Égouttez les raisins et ajoutez-les au mélange.

Versez 2 cuil. à soupe de caramel liquide au fond des cocottes. Répartissez la semoule tiédie et mettez au four pour 10 à 15 minutes. Laissez refroidir et placez au frais 2 heures.

Gaufres

Préparation : 20 minutes ● Repos : 2 h 15 ● Cuisson : 30 minutes ● Difficulté : ★ Budget : ★

Pour 6 personnes

- 1 sachet de levure chimique
- 25 cl de lait
- 250 g de farine
- 2 sachets de sucre vanillé
- 3 œufs
- 150 g de beurre
- Sucre glace
- Sel

Dans un bol, diluez la levure dans un peu de lait tiédi et laissez reposer 15 minutes.

Dans un saladier, mélangez la farine, le sucre, une pincée de sel, les œufs et la levure. Ajoutez le lait et 12,5 cl d'eau petit à petit afin d'obtenir une pâte lisse et homogène. Terminez en ajoutant le beurre fondu. Laissez la pâte reposer pendant 2 heures.

Faites chauffer le gaufrier : beurrez les plaques à l'aide d'un pinceau, versez la pâte à l'aide d'une petite louche et laissez cuire les gaufres pendant 4 à 5 minutes jusqu'à l'obtention d'une belle couleur dorée.

Saupoudrez de sucre glace et dégustez les gaufres chaudes et croquantes.

Gratin de pommes au lait de noisette

Préparation : 20 minutes ● Cuisson : 30 minutes ● Difficulté : ★ Budget : ★★

Pour 6 personnes

- 4 pommes
- Beurre
- 2 œufs
- 20 cl de lait de noisette
- 50 g de sucre
- 20 g de poudre de noisettes

Préchauffez le four à 180 °C (th. 6).

Épluchez les pommes et coupez-les en dés. Répartissez-les dans des ramequins préalablement beurrés puis déposez-les sur une plaque de cuisson.

Battez les œufs avec le lait de noisette, le sucre et la poudre de noisettes. Versez ce mélange sur les pommes et mettez 30 minutes au four.

Conseil : dégustez froid ou tiède avec une boule de glace à la vanille.

Iles flottantes

Préparation : 40 minutes ● Cuisson : 20 secondes ● Difficulté : ★★ Budget : ★

Pour 6 personnes

Pour la crème anglaise
- ❖ 40 cl de lait entier
- ❖ 1 gousse de vanille
- ❖ 4 jaunes d'œufs
- ❖ 100 g de sucre

Pour les blancs
- ❖ 4 blancs d'œufs
- ❖ 60 g de sucre

Pour le caramel
- ❖ 60 g de sucre

Préparez la crème anglaise : faites bouillir le lait avec la gousse de vanille fendue en deux et grattez les graines. Battez les jaunes avec le sucre, jusqu'à ce que le mélange blanchisse. Retirez la gousse de vanille et versez le lait chaud sur les jaunes et le sucre hors du feu. Remettez sur feu doux et laissez épaissir sans jamais faire bouillir en remuant sans arrêt. La crème doit napper la cuillère en bois. Laissez refroidir puis placez au réfrigérateur.

Montez les blancs d'œufs en neige. Quand ils commencent à bien mousser, ajoutez le sucre puis continuez de battre jusqu'à l'obtention de blancs très fermes et brillants. Formez 6 grosses quenelles à l'aide de 2 cuil. à soupe et placez-les sur une assiette. Faites-les cuire 20 secondes au four à micro-ondes. Testez la cuisson au doigt, s'ils sont encore collants, laissez-les cuire encore 5 secondes. Réservez au frais.

Faites chauffer le sucre dans une petite casserole jusqu'à ce qu'il devienne du caramel et versez-le en fin filet sur une plaque en silicone. Laissez refroidir et durcir à l'air libre.

Versez la crème anglaise dans 6 ramequins, déposez les blancs d'œufs et décorez de tuiles de caramel au moment de servir.

Madeleines

Préparation : 15 minutes ● Repos : 2 heures ● Cuisson : 12 minutes ● Difficulté : ★ Budget : ★

Pour 6 personnes

- 3 œufs
- 120 g de sucre
- 130 g de farine
- ½ sachet de levure chimique
- Le zeste de 1 citron non traité
- 120 g de beurre
- Sel

Fouettez les œufs avec le sucre jusqu'à ce que le mélange blanchisse. Incorporez la farine et la levure tamisées, une pincée de sel et le zeste de citron.

Faites fondre le beurre et ajoutez-le au mélange. Laissez reposer 2 heures au frais.

Préchauffez le four à 210 °C (th. 7).

Remplissez de pâte des moules à madeleines largement beurrés et faites cuire de 10 à 12 minutes.

Conseil : vous pouvez aromatiser vos madeleines avec du miel, de la fleur d'oranger, du chocolat ou encore de la vanille…

Mille-feuilles

Préparation : 1 heure ● Repos : 2 heures ● Cuisson : 30 minutes ● Difficulté : ★★ Budget : ★

Pour 6 mille-feuilles

Pour la crème
- 50 cl de lait
- 120 g de sucre
- 3 jaunes d'œufs
- 1 œuf
- 40 g de Maïzena
- 100 g de chocolat noir

Pour le glaçage
- 10 cl de crème liquide entière
- 120 g de chocolat noir
- 2 pâtes feuilletées
- 50 g de sucre

Préparez la crème : chauffez le lait avec la moitié du sucre. Fouettez les jaunes d'œufs, l'œuf entier et le reste de sucre, puis ajoutez la Maïzena. Versez le lait chaud sur le mélange, puis remettez le tout à épaissir à feu doux. Ajoutez le chocolat et mélangez jusqu'à ce qu'il soit totalement fondu. Filmez au contact et laissez refroidir à température ambiante.

Étalez les pâtes feuilletées sur le plan de travail et, à l'aide d'un emporte-pièce de 8 cm de diamètre, découpez des disques de pâte. Placez-les sur une plaque de cuisson recouverte d'une feuille de papier sulfurisé, piquez-les avec une fourchette, saupoudrez-les de sucre sur les deux faces puis couvrez-les d'une seconde feuille de cuisson ainsi que d'une autre plaque afin que les feuilletés soient bien plats. Placez au four à 200 °C (th. 6-7) pendant 10 minutes, puis retirez cette plaque et la première feuille de papier sulfurisé et poursuivez la cuisson 10 minutes pour que les disques soient bien dorés.

Créez des cercles de rhodoïd de la taille des disques de pâte, placez-les sur un plateau. Mettez dans chaque cercle un premier disque de pâte feuilletée, puis couvrez de la moitié de la crème en vous aidant d'une poche à douille. Placez le deuxième disque, ensuite le restant de crème et, pour finir, le troisième disque. Pressez délicatement le tout et placez au frais 2 heures. Portez la crème à ébullition et versez-la en trois fois sur le chocolat, mélangez. Quand la ganache est homogène, nappez les mille-feuilles. Retirez les cercles lorsqu'elle a figé.

Moelleux au chocolat

Préparation : 15 minutes ● Cuisson : 31 minutes ● Difficulté : ★ Budget : ★

Pour 6 personnes

- ❖ 150 g de chocolat noir
- ❖ 120 g de beurre
- ❖ 4 œufs
- ❖ 120 g de sucre
- ❖ 120 g de farine
- ❖ 1 cuil. à café de levure chimique

Faites fondre le chocolat et le beurre au bain-marie ou au micro-ondes deux fois 30 secondes, en mélangeant bien entre deux.

Fouettez les œufs avec le sucre. Ajoutez la farine et la levure, puis le chocolat fondu.

Versez la pâte dans un moule à manqué beurré ou en silicone. Mettez au four 30 minutes à 180 °C (th. 6).

À la sortie du four, attendez 5 minutes et démoulez. Laissez refroidir sur une grille.

Monts d'or

Préparation : 1 h 15 ● Repos : 12 heures ● Cuisson : 25 minutes ● Difficulté : ★ Budget : ★★

Pour 6 personnes

Pour la ganache au chocolat blanc

- 70 g de chocolat blanc
- 12 cl de crème liquide entière

Pour le moelleux au chocolat

- 50 g de chocolat
- 50 g de beurre
- 2 œufs
- 60 g de sucre
- 30 g de farine
- 100 g de crème de marrons
- Paillettes or
- Vermicelles (jaunes)

La veille, faites fondre le chocolat blanc et 3 cl de crème au micro-ondes deux fois 30 secondes. Laissez tiédir et ajoutez le reste de crème. Gardez au frais une nuit. Le lendemain, fouettez la ganache, afin de la rendre mousseuse. Placez au frais.

Faites fondre le chocolat avec le beurre au bain-marie jusqu'à obtention d'un mélange homogène. Laissez refroidir. Séparez les blancs des jaunes. Battez les jaunes avec 30 g de sucre jusqu'à ce que le mélange blanchisse. Ajoutez le mélange chocolat-beurre en continuant de fouetter, puis incorporez la farine tamisée.

Battez les blancs en neige ferme avec le restant de sucre, puis incorporez-les délicatement à la préparation chocolatée. Versez la pâte dans 6 moules individuels à savarin ou à tarte, beurrés ou en silicone. Faites cuire pendant 20 minutes à 180 °C (th. 6). Démoulez et laissez refroidir sur une feuille de papier de cuisson.

Fouettez la crème de marrons pour la rendre plus aérée et versez-la au milieu des moelleux.

À l'aide d'une poche à douille unie, garnissez les moelleux de ganache au chocolat blanc. Décorez de paillettes or et de vermicelles jaunes.

Mousses au chocolat et aux spéculoos

Préparation : 30 minutes ● Repos : 24 heures ● Cuisson : 5 minutes ● Difficulté : ★ Budget : ★

Pour 4 personnes

- ❖ 100 g de chocolat dessert
- ❖ 3 œufs
- ❖ 6 spéculoos

Faites fondre le chocolat au bain-marie. Hors du feu, ajoutez les jaunes d'œufs un à un en mélangeant énergiquement.

Montez les blancs d'œufs en neige et incorporez-les délicatement au chocolat.

Réduisez les spéculoos en poudre à l'aide d'un mixeur et ajoutez-les à la mousse.

Répartissez la préparation dans 4 bols et placez au frais 24 heures.

Mousses de vanille sur lit de pommes

Préparation : 30 minutes ● Repos : 24 heures ● Difficulté : ★ Budget : ★

Pour 4 personnes

- 2 œufs
- 1 gousse de vanille
- 60 g de sucre
- 180 g de mascarpone
- 1 feuille de gélatine
- 200 g de compote de pommes

Séparez les jaunes d'œufs des blancs. Fendez la gousse de vanille en deux et prélevez les graines, mélangez-les aux jaunes d'œufs avec le sucre, fouettez jusqu'à ce que le mélange blanchisse puis ajoutez le mascarpone et fouettez encore 1 minute.

Faites dissoudre la gélatine préalablement ramollie dans l'eau froide au micro-ondes dans 2 cuil. à soupe d'eau, mélangez-la avec un peu de préparation puis ajoutez-la au reste de crème.

Battez les blancs d'œufs en neige ferme et ajoutez-les délicatement au mélange précédent.

Répartissez la compote dans 4 verrines, puis déposez la mousse délicatement et laissez reposer au frais 24 heures.

Pain d'épices

Préparation : 10 minutes ● Cuisson : 1 h20 ● Difficulté : ★ Budget : ★★

Pour un pain de 750 g

- 20 cl de lait
- 250 g de miel
- 60 g de sucre roux
- 1 cuil. à café de bicarbonate de soude
- 250 g de farine
- ½ cuil. à café de quatre-épices
- ½ cuil. à café de gingembre en poudre

Placez tous les ingrédients dans la cuve de la machine à pain selon l'ordre indiqué. Sélectionnez le programme « Cake » ou « gâteau », puis le poids et la coloration de la croûte.

Si votre machine ne propose pas le programme « Cake », sélectionnez le programme « Pain rapide » et, au bout de 15 minutes, lorsque la pâte est bien homogène (mais assez liquide), arrêtez ce programme et actionnez la fonction « Cuisson ».

Conseil : lorsque vous effectuerez votre premier pain d'épices à la machine à pain, restez vigilant à la cuisson et contrôlez à l'aide d'un couteau qu'il est bien cuit (le couteau doit ressortir sec). Sinon relancez le programme « Cuisson » jusqu'à ce qu'il soit bien cuit. Au contraire, n'hésitez pas à interrompre le programme 10 minutes avant la fin si la cuisson vous semble trop longue ou la croûte trop brune.

Pain perdu

Préparation : 15 minutes ● Cuisson : 20 minutes ● Difficulté : ★ Budget : ★

Pour 4 personnes

- 25 cl de lait
- 2 œufs
- 1 sachet de sucre vanillé
- 8 tranches de pain rassis
- 20 g de beurre
- 100 g de vergeoise

Fouettez le lait et les œufs, puis ajoutez le sucre vanillé. Versez ce mélange dans une assiette creuse, trempez le pain et imbibez chaque face. Préparez ainsi 2 ou 3 tranches.

Chauffez une noisette de beurre dans une poêle et dorez les tranches de pain sur chaque face.

Déposez-les sur une assiette et saupoudrez de vergeoise ou de sucre.

C'est au moment où vous retournerez le pain dans la poêle que vous préparerez les tranches suivantes afin qu'elles ne se délitent pas.

Conseil : ce dessert vient des habitudes de ne jamais jeter de nourriture. Le pain rassis est transformé en pain perdu ou pudding, et c'est un vrai délice. Très simple, il devient un grand dessert si vous le servez accompagné de fruits frais, de crème Chantilly, d'une crème anglaise à la chicorée ou d'une boule de glace vanille. Vous pouvez aussi remplacer le pain par des tranches de brioche toujours un peu rassise.

Paris-brest

Préparation : 50 minutes ● Cuisson : 55 minutes ● Difficulté : ★★ Budget : ★★

Pour 8 personnes

Pour les choux

- 10 cl de lait
- 80 g de beurre
- 130 g de farine
- 4 œufs
- Amandes effilées
- 1 cuil. à soupe de pralin en poudre
- Sucre glace
- ½ cuil. à café de sel

Pour la crème

- 30 cl de lait
- 4 jaunes d'œufs
- 120 g de sucre
- 30 g de Maïzena
- 100 g de Pralinoise
- 200 g de beurre

Préparez la pâte à choux : faites chauffer le lait et 15 cl d'eau avec le beurre coupé en dés et le sel. Portez à ébullition et ajoutez la farine. Mélangez pendant 1 minute afin d'assécher la pâte. Retirez la casserole du feu, versez la pâte dans un saladier et incorporez les œufs un à un. La pâte doit devenir collante et homogène mais pas trop molle. Préchauffez le four à 180 °C (th. 6). Dessinez un cercle de 24 cm de diamètre sur du papier sulfurisé et, à l'aide d'une poche munie d'une douille de 3 cm de diamètre, formez une couronne de pâte. Parsemez-la d'amandes effilées. Enfournez pour 40 minutes. Laissez refroidir sur une grille.

Préparez la crème : dans une casserole, portez le lait à ébullition. Fouettez les jaunes d'œufs et le sucre jusqu'à ce que le mélange blanchisse, puis ajoutez la Maïzena. Versez un peu de lait bouillant sur les jaunes, puis remettez le tout dans la casserole et faites épaissir sur feu doux en mélangeant sans arrêt. Versez la crème dans un saladier, ajoutez la Pralinoise et mélangez jusqu'à ce qu'elle soit totalement fondue et que la crème soit homogène. Filmez au contact et laissez-la refroidir. Battez le beurre en pommade au batteur électrique et ajoutez petit à petit la crème pralinée.

Coupez la couronne de chou en deux dans l'épaisseur, garnissez de crème à l'aide d'une poche à douille cannelée, saupoudrez de pralin en poudre et refermez la couronne. Réservez au frais. Saupoudrez de sucre glace au moment de servir.

Pommes au four aux amandes

Préparation : 15 minutes ● Cuisson : 30 minutes ● Difficulté : ★ Budget : ★

Pour 4 personnes

- 4 pommes
- 50 g de poudre d'amandes
- 80 g de vergeoise brune
- 60 g de beurre mou
- 4 biscottes
- 20 g d'amandes effilées

Préchauffez le four à 180 °C (th. 6).

Lavez les pommes, coupez le dessus pour former un chapeau. Retirez le centre des pommes avec un vide-pomme.

Mélangez la poudre d'amandes, la vergeoise, ajoutez le beurre et travaillez le tout à la fourchette.

Placez une biscotte par mini cocotte, déposez une pomme sur chacune et remplissez-les du mélange. Déposez le restant sur le dessus des pommes puis les amandes effilées.

Replacez les chapeaux des pommes et maintenez-les en place avec une pique en bois.

Enfournez pour 30 minutes. Les pommes doivent cuire mais conserver une belle forme. Servez de préférence tiède.

Profiteroles

Préparation : 45 minutes ● Cuisson : 50 minutes ● Difficulté : ★★ Budget : ★

Pour 6 personnes

Pour les choux
- ❖ 7,5 cl de lait
- ❖ 75 g de beurre
- ❖ 90 g de farine
- ❖ 3 œufs
- ❖ Sel

Pour la garniture
- ❖ 1 l de glace à la vanille
- ❖ 150 g de chocolat noir
- ❖ 12 cl de crème liquide entière

Préparez les choux : faites chauffer le lait et 8 cl d'eau avec le beurre coupé en dés et une pincée de sel. Portez à ébullition et ajoutez la farine en une fois. Mélangez à l'aide d'une cuillère en bois pendant 1 minute afin d'assécher la pâte.

Retirez la casserole du feu, versez la pâte dans un saladier ou dans le bol d'un robot et ajoutez les œufs un à un. La pâte doit devenir collante et homogène mais pas trop molle. Si elle reste trop compacte, battez le dernier œuf en omelette et ajoutez-le petit à petit.

Préchauffez le four à 150 °C (th. 5). À l'aide d'une poche à douille, réalisez 30 petits choux de 3 cm de diamètre sur une plaque de cuisson recouverte de papier sulfurisé. Enfournez pour 40 minutes. Laissez refroidir sur une grille.

Ouvrez les choux à l'aide d'un couteau et remplissez-les de crème glacée à la vanille. Replacez-les au fur et à mesure au congélateur pour que la glace ne fonde pas.

Faites fondre le chocolat au four à micro-ondes puis ajoutez la crème. Mélangez jusqu'à ce que le mélange soit homogène. Placez les profiteroles sur les assiettes à dessert, nappez-les de sauce chocolat et servez aussitôt.

Riz au lait

Préparation : 10 minutes ● Repos : 15 minutes ● Cuisson : 30 minutes ● Difficulté : ★ Budget : ★

Pour 6 personnes

- ❖ 250 g de riz rond
- ❖ 1 l de lait
- ❖ 1 gousse de vanille
- ❖ 150 g de sucre

Plongez le riz dans une grande quantité d'eau bouillante, laissez cuire 5 minutes puis égouttez-le.

Versez le lait dans la casserole, ajoutez le riz et la gousse de vanille et faites cuire 20 minutes à feu doux en mélangeant régulièrement. Laissez cuire jusqu'à ce que le riz soit fondant.

Versez le sucre dans le riz et laissez cuire encore 5 minutes puis retirez la casserole du feu. Couvrez-la et laissez reposer 15 minutes.

Retirez la gousse de vanille. Répartissez le riz dans des coupes et réservez au frais avant de servir.

Conseil : vous pouvez servir le riz au lait avec des fruits frais ou au sirop, du caramel ou une sauce au chocolat.

Saint-Honoré

Préparation : 1 heure ● Cuisson : 1 h 10 ● Difficulté : ★★ Budget : ★★

Pour 6 personnes

Pour la crème
- ❖ 60 cl de lait
- ❖ 150 g de sucre
- ❖ 1 gousse de vanille
- ❖ 5 jaunes d'œufs
- ❖ 40 g de Maïzena
- ❖ 50 g de chocolat

Pour les choux
- ❖ 12,5 cl de lait
- ❖ 80 g de beurre
- ❖ ½ cuil. à café de sel
- ❖ 150 g de farine
- ❖ 4 œufs
- ❖ 1 jaune d'œuf
- ❖ 1 pâte feuilletée
- ❖ 100 g de chocolat noir
- ❖ 100 g de chocolat blanc
- ❖ 15 cl de crème liquide entière
- ❖ 2 cuil. à soupe de sucre glace

Préparez la crème : chauffez le lait avec la moitié du sucre et la gousse de vanille fendue en deux et grattée. Fouettez les jaunes d'œufs et le reste de sucre, puis ajoutez la Maïzena. Versez le lait sur les œufs puis remettez le tout à épaissir à feu doux. Séparez cette crème en deux (deux tiers/un tiers), ajoutez le chocolat dans la petite portion et mélangez jusqu'à ce qu'il soit fondu. Filmez et laissez refroidir.

Préparez les choux : faites bouillir le lait, 12,5 cl d'eau, le beurre coupé en dés et le sel. Quand le beurre a fondu, ajoutez la farine hors du feu. Remettez sur feu doux et mélangez pendant 1 minute pour sécher la pâte. Versez-la dans un saladier et ajoutez les œufs entiers un à un. Préchauffez le four à 200 °C (th. 6-7). Faites des gros choux de 5 cm de diamètre sur une plaque recouverte d'une feuille de papier sulfurisé. Rabattez les petites pointes de pâte avec un pinceau trempé dans du jaune d'œuf dilué dans un peu d'eau. Enfournez 30 minutes, les choux doivent être dorés. Laissez refroidir, découpez la pâte feuilletée pour obtenir un disque de 24 cm de diamètre et placez-le sur une feuille de papier sulfurisé. Piquez toute la surface avec une fourchette. Enfournez 20 minutes. Garnissez 3 gros choux de crème à la vanille et 4 autres au chocolat. Faites fondre le chocolat noir au bain-marie et trempez les 4 choux. Faites la même chose avec le chocolat blanc. Laissez durcir. Trempez la base de chaque chou dans le chocolat restant et placez-les sur la pâte feuilletée en laissant un espace entre chaque. Mettez le restant de crème vanille et le dernier chou au milieu du gâteau. Montez la crème en chantilly avec le sucre glace. À l'aide d'une poche à douille, décorez la surface du gâteau.

Soufflé au chocolat

Préparation : 15 minutes ● Cuisson : 15 minutes ● Difficulté : ★★ Budget : ★

Pour 6 personnes

- Beurre
- 200 g de chocolat noir à 70 % de cacao
- 10 cl de crème liquide entière
- 4 œufs
- 1 blanc d'œuf
- 2 cuil. à soupe de sucre

Beurrez 6 ramequins et placez-les au réfrigérateur.

Faites fondre le chocolat au bain-marie avec la crème. Hors du feu, ajoutez les jaunes un à un.

Montez les blancs d'œufs en neige et ajoutez le sucre quand ils commencent à bien mousser, fouettez jusqu'à ce qu'ils soient bien fermes. Incorporez-les délicatement au chocolat pour ne pas les casser.

Remplissez les ramequins de préparation aux deux tiers et enfournez-les pour 10 à 15 minutes à 180 °C (th. 6). Servez aussitôt.

Tarte à la rhubarbe

Préparation : 30 minutes ● Repos : 2 heures ● Cuisson : 35 minutes ● Difficulté : ★ Budget : ★

Pour 6 personnes

Pour la pâte sablée

- ❖ 250 g de farine
- ❖ 90 g de sucre
- ❖ 1 sachet de sucre vanillé
- ❖ 30 g de poudre d'amandes
- ❖ 150 g de beurre
- ❖ 1 jaune d'œuf
- ❖ Sel

Pour la garniture

- ❖ 800 g de rhubarbe
- ❖ 100 g de sucre
- ❖ 2 jaunes d'œufs
- ❖ 1 œuf
- ❖ 15 cl de crème liquide
- ❖ 100 g de vergeoise
- ❖ 3 cuil. à soupe de poudre d'amandes

Épluchez et coupez la rhubarbe en tronçons. Placez-les dans un saladier avec les 100 g de sucre et laissez reposer 2 heures en mélangeant de temps en temps.

Mélangez la farine, les sucres, une pincée de sel et la poudre d'amandes. Faites un puits, placez au centre le beurre coupé en dés et le jaune d'œuf. Pétrissez jusqu'à l'obtention d'une pâte homogène, ferme et non collante. Enveloppez-la de film alimentaire et mettez-la au frais pendant 1 heure. Étalez-la ensuite sur une feuille de papier sulfurisé, garnissez un moule à tarte de 24 cm de diamètre et placez-le au frais durant 30 minutes.

Préchauffez le four à 180 °C (th. 6). Piquez le fond de tarte à l'aide d'une fourchette, couvrez d'une feuille de papier de cuisson et remplissez-la de légumes secs. Mettez le plat au four pour 15 minutes.

Égouttez la rhubarbe. Mélangez les œufs avec la crème et la vergeoise. Retirez les légumes secs, répartissez les 3 cuil. à soupe de poudre d'amandes sur la pâte puis la rhubarbe.

Couvrez du mélange œufs-crème-vergeoise et placez au four 20 minutes à 200 °C (th. 6-7). À la sortie du four, attendez 10 minutes pour démouler.

Tarte amandine aux poires

Préparation : 30 minutes ● Repos : 50 minutes ● Cuisson : 40 minutes ● Difficulté : ★★ Budget : ★★

Pour 6 personnes

Pour la pâte sablée

- 170 g de farine
- 70 g de sucre
- 1 sachet de sucre vanillé
- 25 g de poudre d'amandes
- 120 g de beurre
- 1 jaune d'œuf
- Sel

Pour la garniture

- 2 œufs
- 100 g de sucre
- 100 g de poudre d'amandes
- 25 g de farine
- 100 g de beurre
- 1 cuil. à soupe de rhum
- 450 g de poires au sirop
- 1 cuil. à soupe d'amandes effilées

Réalisez la pâte sablée : mélangez la farine, les sucres, la poudre d'amandes et une pincée de sel. Faites un puits et placez au centre le beurre tempéré coupé en dés et le jaune d'œuf. Pétrissez jusqu'à ce que la pâte forme une boule homogène. Laissez reposer la pâte 30 minutes au frais.

Étalez la pâte sablée sur une feuille de papier sulfurisé. Placez-la dans une tourtière de 24 cm de diamètre beurrée ou recouverte d'une feuille de papier sulfurisé. Piquez-la avec une fourchette et placez-la au frais 20 minutes.

Préparez l'appareil : fouettez les œufs et le sucre. Ajoutez la poudre d'amandes, la farine puis le beurre fondu et le rhum.

Versez la préparation sur la pâte puis placez les demi-poires égouttées. Parsemez d'amandes effilées et mettez au four préchauffé à 180 °C (th. 6) pour 35 à 40 minutes.

À la sortie du four, attendez le refroidissement total pour démouler la tarte (sauf si vous utilisez un cercle à tarte).

Tarte au citron meringuée

Préparation : 1 heure ● Repos : 1 h30 ● Cuisson : 25 minutes ● Difficulté : ★★ Budget : ★

Pour 6 personnes

Pour la pâte sablée
- 250 g de farine
- 80 g de sucre glace
- 1 sachet de sucre vanillé
- 30 g de poudre d'amandes
- 125 g de beurre
- 1 jaune d'œuf
- Sel

Pour la crème de citron
- 2 citrons non traités
- 100 g de sucre
- 3 jaunes d'œufs
- 1 cuil. à soupe de Maïzena
- 50 g de beurre

Pour la meringue
- 3 blancs d'œufs
- 150 g de sucre glace

Préparez la pâte sablée : mélangez la farine, les sucres, la poudre d'amandes et une pincée de sel. Faites un puits et placez au centre le beurre tempéré coupé en dés ainsi que le jaune d'œuf. Pétrissez jusqu'à ce que la pâte forme une boule homogène. Laissez reposer la pâte au moins 30 minutes au frais, enveloppée dans du film alimentaire.

Préchauffez le four à 180 °C (th. 6). Étalez la pâte grossièrement sur une feuille de papier sulfurisé, puis au rouleau en le farinant légèrement ou en plaçant une autre feuille de papier sulfurisé. Retournez le tout sur un moule à tarte de 24 cm de diamètre, foncez-le puis retirez le papier. À l'aide d'un couteau, coupez l'excès de pâte, piquez à la fourchette et remettez le plat au frais pour 1 heure. Placez ensuite une feuille de papier sulfurisé sur le fond de tarte et remplissez-le de légumes secs. Mettez au four 15 minutes. Pendant ce temps, versez dans une casserole le jus des citrons ainsi que leur zeste, le sucre, les jaunes d'œufs et la Maïzena. Faites épaissir au bain-marie en mélangeant constamment. Hors du feu, ajoutez le beurre. Versez cette crème dans le fond de tarte précuit et replacez au four 10 minutes.

Battez les blancs d'œufs en neige. Lorsqu'ils commencent à mousser, ajoutez le sucre et continuez de battre jusqu'à l'obtention d'une meringue compacte et brillante. À l'aide d'une poche à douille, placez la meringue sur la tarte et caramélisez-la à l'aide d'un chalumeau. Placez au frais jusqu'au moment de servir.

Tarte au sucre

Préparation : 30 minutes ● Repos : 2 h30 ● Cuisson : 30 minutes ● Difficulté : ★★ Budget : ★

Pour 6 à 8 personnes

Pour la pâte

- ❖ 300 g de farine
- ❖ 15 g de levure fraîche (ou 2 cuil. à café de levure déshydratée)
- ❖ 10 cl de lait
- ❖ 2 œufs
- ❖ ½ cuil. à soupe de sel
- ❖ 80 g de beurre

Pour la garniture

- ❖ 2 cuil. à soupe de crème fraîche épaisse
- ❖ 1 œuf
- ❖ 80 g de vergeoise
- ❖ 40 g de beurre

Mettez la farine dans un saladier, faites un puits et déposez au centre la levure diluée dans 3 cuil. à soupe de lait tiède, les œufs battus en omelette, le sel et le reste de lait. Mélangez le tout puis ajoutez le beurre froid coupé en dés. Pétrissez jusqu'à ce que la pâte ne soit plus collante, pendant 10 à 15 minutes.

Couvrez la pâte d'un torchon et laissez reposer dans un endroit tempéré pendant 1 h30.

Versez la pâte sur le plan de travail fariné et travaillez-la quelques secondes pour chasser l'air. Étalez la pâte et déposez-la dans un moule de 26 cm de diamètre beurré et fariné, ou dans un moule souple. Laissez-la à nouveau reposer 1 heure.

Préchauffez le four à 190 °C (th. 6-7).

Mélangez la crème fraîche et l'œuf, puis formez des trous avec le doigt sur toute la surface de la pâte et nappez du mélange crème-œuf.

Saupoudrez de vergeoise brune et de petits morceaux de beurre.

Mettez au four pour 30 minutes. Attendez que la tarte refroidisse avant de la démouler.

Tarte aux pommes et à la chicorée

Préparation : 30 minutes ● Repos : 30 minutes ● Cuisson : 25 minutes ● Difficulté : ★ Budget : ★

Pour 6 personnes

- 1 pâte feuilletée
- 4 pommes
- 3 œufs
- 25 cl de crème liquide entière
- 80 g de sucre
- 2 cuil. à soupe de chicorée liquide
- Sucre glace

Garnissez de pâte feuilletée un moule à tarte de 24 cm de diamètre, placez-le au frais 30 minutes.

Préchauffez le four à 200 °C (th. 6-7). Épluchez et coupez les pommes en morceaux.

Mélangez les œufs, la crème, le sucre et la chicorée. Piquez le fond de tarte à l'aide d'une fourchette, répartissez les morceaux de pomme puis couvrez avec la préparation à base d'œufs et placez au four de 20 à 25 minutes.

À la sortie du four, attendez 10 minutes pour démouler la tarte et saupoudrez-la de sucre glace.

Tarte flamande aux pommes

Préparation : 30 minutes ● Cuisson : 40 minutes ● Difficulté : ★ Budget : ★

Pour 8 personnes

- 7 pommes
- 3 cuil. à soupe de vergeoise
- 1 rouleau de pâte brisée
- 40 g de beurre
- 40 g de sucre
- 1 sachet de nappage pour tarte
- Jus de pomme

Épluchez les pommes et coupez-en 4 en dés. Faites-les cuire à feu doux avec la vergeoise et un fond d'eau jusqu'à l'obtention d'une compote sans morceaux.

Étalez la pâte brisée et placez-la dans une tourtière beurrée ou recouverte de papier sulfurisé. Piquez le fond avec une fourchette, étalez la compote refroidie puis disposez 3 pommes coupées en fines lamelles. Saupoudrez de sucre et déposez le beurre en petites noisettes.

Placez la tarte au four préchauffé à 180 °C (th. 6) pour 30 minutes.

Laissez la tarte refroidir puis préparez le nappage avec le jus de pomme en suivant les indications inscrites sur le paquet et laissez refroidir avant de déguster.

Tarte libouli

Préparation : 1 heure ● Repos : 1 heure ● Cuisson : 45 minutes ● Difficulté : ★★ Budget : ★

Pour 8 personnes

Pour la pâte

- ❖ 10 g de levure fraîche
- ❖ 10 cl de lait
- ❖ 250 g de farine
- ❖ 1 œuf
- ❖ 60 g de beurre
- ❖ 1 jaune d'œuf
- ❖ ½ cuil. à café de sel

Pour la crème libouli

- ❖ 3 œufs
- ❖ 100 g de sucre
- ❖ 50 g de Maïzena
- ❖ 60 cl de lait
- ❖ 1 gousse de vanille
- ❖ 1 cuil. à soupe de gelée de pommes

Délayez la levure dans 3 cuil. à café de lait tiède et laissez reposer 10 minutes.

Faites un puits avec la farine, déposez-y l'œuf, le beurre fondu, le sel et la levure. Mélangez, ajoutez le lait puis pétrissez la pâte. Laissez la pâte reposer 1 heure dans un endroit tempéré à l'abri des courants d'air en la couvrant d'un torchon.

Pour la crème, fouettez les œufs et la moitié du sucre, puis ajoutez la Maïzena. Chauffez le lait avec le reste du sucre, la gousse de vanille fendue en deux et après en avoir gratté les graines. Portez-le à ébullition et ajoutez-le au mélange précédent hors du feu.

Remettez le mélange sur feu moyen et mélangez en continu. Dès que la crème épaissit, retirez-la du feu, versez-la dans un saladier, filmez-la au contact et laissez-la tiédir.

Étalez la pâte dans une tourtière de 24 cm de diamètre beurrée, formez de gros bords, dorez avec le jaune d'œuf puis versez la crème. Lissez la surface et avec les chutes de pâte, formez un quadrillage et badigeonnez-le d'œuf.

Mettez au four 30 minutes à 210 °C (th. 7). À la sortie du four, laissez tiédir et badigeonnez de gelée de pommes.

Tarte Tatin

Préparation : 30 minutes ● Repos : 30 minutes ● Cuisson : 55 minutes ● Difficulté : ★★ Budget : ★

Pour 6 personnes

Pour la pâte

- ❖ 160 g de farine
- ❖ 40 g de sucre glace
- ❖ 20 g de sucre
- ❖ 20 g de poudre d'amandes
- ❖ 100 g de beurre (mou)
- ❖ 1 jaune d'œuf
- ❖ Sel

Pour la garniture

- ❖ 150 g de sucre
- ❖ 80 g de beurre
- ❖ 8 pommes

Préparez la pâte : mélangez la farine, les sucres, la poudre d'amandes et une pincée de sel. Faites un puits et placez au centre le beurre tempéré coupé en dés et le jaune d'œuf. Pétrissez jusqu'à ce que la pâte forme une boule homogène. Laissez reposer au moins 30 minutes au frais.

Dans une casserole, faites fondre le sucre avec le beurre et laissez cuire jusqu'à l'obtention d'un caramel doré. Versez-le aussitôt dans un moule à manqué de 24 cm de diamètre.

Épluchez et coupez les pommes en quartiers. Placez-les sur le caramel et essayez de combler un maximum les espaces par des petits morceaux de pommes.

Préchauffez le four à 180 °C (th. 6).

Étalez la pâte sablée sur une feuille de papier sulfurisé. Découpez un disque de 24 cm de diamètre et déposez-le sur les pommes. Faites cuire au four pendant 35 à 40 minutes.

À la sortie du four, passez un couteau tout autour de la pâte puis placez un plat sur le moule et retournez-le tout en faisant attention aux éclaboussures de caramel.

Tarte tout chocolat

Préparation : 1 heure ● Repos : 3 heures ● Cuisson : 20 minutes ● Difficulté : ★★ Budget : ★

Pour 6 personnes

Pour la pâte sablée
- 200 g de farine
- 2 cuil. à soupe de cacao en poudre
- 60 g de poudre de noisettes
- 80 g de sucre
- 150 g de beurre
- 1 œuf
- Sel

Pour la ganache
- 10 cl de lait
- 25 cl de crème liquide entière
- 250 g de chocolat noir

Préparez la pâte sablée au chocolat : mélangez la farine tamisée avec le cacao, la poudre de noisettes, le sucre et une pincée de sel. Faites un puits et ajoutez le beurre coupé en dés. Pétrissez jusqu'à l'obtention d'une pâte à la texture très sableuse. Ajoutez l'œuf et pétrissez à nouveau jusqu'à l'obtention d'une pâte homogène, lisse et souple. Recouvrez-la d'un film alimentaire et laissez 1 heure au réfrigérateur.

Étalez la pâte sur une feuille de papier sulfurisé puis foncez un moule à tarte de 24 cm de diamètre. Piquez le fond avec une fourchette et placez au frais pendant 1 heure.

Placez une feuille de papier sulfurisé sur le fond de tarte, remplissez-le de légumes secs puis mettez à cuire 15 minutes à 180 °C (th. 6). Retirez les légumes secs avec le papier sulfurisé et mettez encore à cuire 5 minutes. Laissez refroidir et démoulez le fond de tarte délicatement.

Préparez la ganache. Portez le lait et la crème à ébullition. Versez la préparation en trois fois sur le chocolat en mélangeant bien entre deux. Lorsque le mélange est fluide et homogène, versez-le sur le fond de tarte. Laissez refroidir puis placez au frais pendant 1 heure.

Tartelettes aux fraises

Préparation : 30 minutes • Repos : 1 heure • Cuisson : 20 minutes • Difficulté : ★★ Budget : ★★

Pour 6 personnes

Pour la pâte sablée
- ❖ 250 g de farine
- ❖ 80 g de sucre glace
- ❖ 1 sachet de sucre vanillé
- ❖ 30 g de poudre d'amandes
- ❖ 125 g de beurre
- ❖ 1 jaune d'œuf
- ❖ Sel

Pour la crème
- ❖ 40 cl de lait
- ❖ 1 gousse de vanille
- ❖ 4 jaunes d'œufs
- ❖ 100 g de sucre
- ❖ 30 g de Maïzena

Pour la garniture
- ❖ 6 cuil. à soupe de confiture de fraises
- ❖ 250 g de fraises
- ❖ 40 g de pistaches fraîches

Réalisez la pâte sablée : mélangez la farine, les sucres, la poudre d'amandes et une pincée de sel. Faites un puits et placez au centre le beurre tempéré coupé en dés et le jaune d'œuf. Pétrissez jusqu'à ce que la pâte forme une boule homogène. Laissez reposer la pâte au moins 30 minutes au frais, enveloppée dans du film alimentaire.

Préparez la crème : dans une casserole, portez à ébullition le lait avec la vanille. Dans un saladier, fouettez les jaunes d'œufs et le sucre jusqu'à ce que le mélange blanchisse puis ajoutez la Maïzena. Versez le lait bouillant sur les jaunes, puis remettez le tout dans la casserole et faites cuire sur feu doux jusqu'à épaississement. Mettez la crème dans un saladier et filmez-la au contact pour éviter la formation d'une peau à la surface. Laissez refroidir.

Étalez la pâte sur une feuille de papier sulfurisé, en la farinant légèrement ou en plaçant une seconde feuille de papier sulfurisé au-dessus pour éviter qu'elle ne colle. Foncez 6 moules à tartelette. À l'aide d'un couteau, coupez l'excès de pâte, piquez à la fourchette et remettez les moules au frais 30 minutes. Préchauffez le four à à 180 °C (th. 6). Placez une feuille de papier sulfurisé sur chaque tartelette, remplissez-les de légumes secs (haricots blancs, lentilles...) et placez-les au four 15 minutes, puis retirez le tout et laissez cuire encore 5 minutes. Laissez refroidir. Étalez 1 cuil. à soupe de confiture sur le fond des tartes puis la crème pâtissière en fine couche et garnissez de fraises coupées en lamelles. Décorez de pistaches fraîches grossièrement hachées. Réservez au frais.

Tartelettes aux poires épicées

Préparation : 1 h30 ● Repos : 30 minutes ● Cuisson : 20 minutes ● Difficulté : ★ Budget : ★★

Pour 20 pièces

Pour la pâte

- 160 g de farine
- 40 g de sucre glace
- 20 g de sucre
- 20 g de poudre d'amandes
- 100 g de beurre tempéré
- 1 jaune d'œuf
- Sel

Pour le caramel

- 300 g de sucre
- 70 g de beurre salé
- 20 cl de crème liquide
- 3 poires
- 60 g de sucre
- ½ cuil. à café de quatre-épices
- 3 tranches de pain d'épices

Préchauffez le four à 180 °C (th. 6). Mélangez la farine, les sucres, la poudre d'amandes et une pincée de sel. Formez un puits et placez au centre le beurre tempéré coupé en dés et le jaune d'œuf. Pétrissez jusqu'à ce que la pâte forme une boule homogène. Laissez reposer la pâte 30 minutes au frais.

Étalez la pâte, découpez à l'emporte-pièce 20 disques et placez-les dans les empreintes à mini tartelette. Remplissez-les de pois cassés (ou haricots secs, lentilles, etc.) et passez au four 15 minutes. À la sortie du four, retirez les pois cassés puis démoulez délicatement les fonds de tartelettes.

Préparez le caramel : faites fondre à sec une petite quantité de sucre dans une casserole. Quand il commence à suer puis à colorer, ajoutez le restant de sucre petit à petit, en mélangeant doucement et en évitant les bords de la casserole. Quand le caramel est doré, retirez-le du feu et ajoutez le beurre coupé en morceaux.

Faites chauffer la crème et ajoutez-la doucement au caramel en mélangeant constamment et faites mijoter 2 minutes sur feu doux. Laissez tiédir. Épluchez et coupez les poires en quatre, retirez le centre et placez-les dans une casserole avec le sucre et 20 cl d'eau. Portez à ébullition et laissez cuire 10 minutes. Égouttez et coupez-les en petits morceaux, et ajoutez le mélange quatre-épices. Versez un peu de caramel dans chaque tartelette, répartissez les poires puis nappez de caramel. Pour finir, saupoudrez de miettes de pain d'épices.